Bi-Ba-Badewannen-Hits - Die beliebtesten Kinderlieder für Gitarre und Blockflöte -

Das Liederbuch mit allen Texten, Noten und Gitarrengriffen zum Mitsingen und Mitspielen

Stephen Janetzko

Copyright © 2015 Verlag Stephen Janetzko, Erlangen
www.kinderliederhits.de
Alle Lieder verlegt bei Edition SEEBÄR- Musik Stephen Janetzko, Erlangen
Online-Shop im Internet unter www.kinderlieder-shop.de
Coverzeichnung und Illustrationen: Heike Georgi
Covergrafik: Stephen Janetzko mit Marco Breitenstein
Gitarren-Grifftabelle © Heiner Rusche - Danke, Heiner ☺!
Notensatz, grafische Vorbereitung und Idee: Stephen Janetzko
All rights reserved.

ISBN-10: 3957220831

ISBN-13: 978-3-95722-083-7

Inhaltsverzeichnis

	Seite:
Über dieses Liederbuch	4
Lieder komplett inkl. Noten: *ab Seite:*	5
In meiner Bi-Ba-Badewanne	5
Text und Choreografie / *Aufführungsanleitung für das Lied „In meiner Bi-Ba-Badewanne"*	6
Ritter Kunibert	8
Guten Morgen, Leute	9
Das Duschlied	10
Der Seebär	11
Gute Laune (Kanon) - in 2 Tonartvarianten	12
Hand in Hand	13
Ich schenk dir eine rote Rose	14
Indianer-Song	15
Geburtstag, Geburtstag	16
Bruderherz - komm, tanz mit mir!	17
Der Sommer kommt	18
Urlaub an der Nordsee	19
Arme hoch und Arme runter	20
Ich steh hier im Regen	21
Laterne, Laterne, komm leuchte für mich	22
Komm, mein kleines Kätzchen	23
Gute Nacht, ihr lieben Leute - Guten Morgen, liebe Leute	24
Alle Liedtexte mit Gitarrengriffen "pur" *ab Seite:*	25
Gitarren-Grifftabelle	37
Die CD zum Buch	38
Hinweise zum Liedermacher	39

Über dieses Liederbuch:

Hier findet ihr viele meiner schönsten und beliebtesten Kinderlieder für zuhause, unterwegs oder zum Singen mit Kindergruppen. Und wer von euch mal in einem Konzert bei mir war, hat dort auch sicher manche dieser Lieder bereits mit mir gesungen.
Im hinteren Teil des Songbuchs sind alle Liedertexte mit einfachen Gitarrengriffen zum Nachsingen, Lernen und Mitspielen - auch für Gitarrenanfänger - enthalten.
Die Tonarten im hinteren Buchabschnitt entsprechen zu 100% den CD-Aufnahmen.
Im vorderen Noten-Teil habe ich gelegentlich bewusst andere Tonarten gewählt, teils wegen der Tonhöhe, teils für eine alternative, bessere oder einfachere Spielbarkeit entweder auf der Gitarre oder z.B. für die Blockflöte (die Noten bewegen sich normal zwischen **c'** und **d''**, nur einmal bis **g''**). So habt ihr die freie Wahl, was euch mehr liegt oder für euer Instrument geeigneter ist. So oder so:
Ich wünsche euch viel Freude mit meinen Liedern, mögen sie euch genauso gute Begleiter sein wie mir -

In meiner Bi- Ba- Badewanne

Text und Musik: Stephen Janetzko; CD "Bi-Ba-Badewannen-Hits - 20 Kinderlieder mit Gitarre"
© Edition SEEBÄR-Musik Stephen Janetzko, www.kinderliederhits.de

Refrain: In meiner Bi-, Ba-, Badewanne...

2. Ich seif meine Füße ein, nana nana na. meine Knie, das ganze Bein, nana nana na.
Gründlich wasch ich meinen Po, nana nana na, Vorderseite ebenso, nana nana na.
Refrain: In meiner Bi-, Ba-, Badewanne...

3. Rücken, Brust und meinen Bauch, nana nana na, schrubb ich kräftig, Arme auch, nana nana na.
Hände waschen, schon gemacht, nana nana na, nun der Hals - wär ja gelacht, nana nana na!
Refrain: In meiner Bi-, Ba-, Badewanne...

4. Haare waschen, Stück für Stück, nana nana na, in den Ohren sitzt noch Dreck, nana nana na.
Schnell noch Nase und Gesicht, nana nana na, nur die Zähne wasch ich nicht, nana nana na.
Refrain: In meiner Bi-, Ba-, Badewanne...

5. So sitz ich von früh bis spät, nana nana na, Leute, wie die Zeit vergeht, nana nana na.
Wasser raus, ich bin noch nass, nana nana na, Handtuch her - das war ein Spaß, nana nana na!
Refrain: In meiner Bi-, Ba-, Badewanne...

Text und Choreografie / Aufführungsanleitung für das Lied „In meiner Bi-Ba-Badewanne"

Text und Musik: Stephen Janetzko
© Edition SEEBÄR-Musik Stephen Janetzko, **www.kinderliederhits.de**

Refrain:
In meiner Bi-Ba-Badewanne will ich segeln gehn
(mit der Hand in der Luft Wellen nachzeichnen)
In meiner Bi-Ba-Badewanne bin ich Kapitän
(gleich oder ab dem Wort „Kapitän" - Kapitänsgruß - flache Hand schräg zum Kopf führen - und nach links und rechts mitschunkeln)
In meiner Bi-Ba-Badewanne fahr ich übers Meer,
(gleich oder ab dem Wort „Meer" Schiffsschraube machen - beide Hände in Bauchhöhe horizontal umeinander kreisen lassen)
In meiner Bi-Ba-Badewanne komm ich wieder her.
(gleich oder auf dem Wort „her" große "Winkbewegung" - weit ausgestreckte Hand zur Brust zurückführen - oder sich selbst oder eine andere Person umarmen aus Freude über die „heile Rückkehr")

1. Immer wenn ich schmutzig bin, nana nana na,
(an sich selbst runterschauen und skeptisch nach Schmutz suchen)
sitz ich in der Wanne drin, nana nana na. *(gemütlich hinsetzen)*
Seebär`n müssen sauber sein, nana nana na, *(mit dem Kopf zustimmend nicken)*
strahlen wie der Sonnenschein, nana nana na.
(aufspringen und Arme/Hände in die Luft strecken)

2. Ich seif meine Füße ein, nana nana na, *(Füße einseifen)*
Meine Knie, das ganze Bein, nana nana na. *(Knie, Beine einseifen)*
Gründlich wasch ich meinen Po, nana nana na,
(umdrehen, Po in Luft strecken und waschen)
Vorderseite ebenso, nana nana na. *(Region unterm Bauchnabel waschen)*

3. Rücken, Brust und meinen Bauch, nana nana na, *(schneller Ablauf: linke Hand auf Rücken deuten, rechte auf Brust, linke auf Bauch)*
schrubb ich kräftig, Arme auch, nana nana na.
(erst Bauch, dann Arme schrubben)
Hände waschen, schnell gemacht, nana nana na, *(Hände waschen)*
nun der Hals - wär ja gelacht, nana nana na! *(Hals waschen)*

4. Haare waschen, Stück für Stück, nana nana na, *(Haare gründlich waschen)*
in den Ohren sitzt noch Dreck, nana nana na.
(mit den Zeigefingern in den Ohren drehen)
Schnell noch Nase und Gesicht, nana nana na,
(erst Nase, dann Gesicht waschen)
nur die Zähne wasch ich nicht, nana nana na. *(erst Zähne mit Zeigefinger putzen, dann jedoch mit dem selben Zeigefinger ein „nein" machen)*

5. So sitz ich von früh bis spät, nana nana na, *(wieder gemütlich hinsetzen)*
Leute, wie die Zeit vergeht, nana nana na. *(auf – auch imaginäre - Uhr am linken Handgelenk rechten Zeigefinger kreisen lassen, als würde die Zeit davonrennen)*
Wasser raus, ich bin noch nass, nana nana na,
(imaginären Stöpsel aus der Wanne ziehen)
Handtuch her - das war ein Spaß, nana nana na!
(aufstehen, imaginäres Handtuch vom Haken nehmen und abtrocknen)

Spielanregung:
Bei diesem Lied rund ums Waschen und Spaßhaben in der Badewanne kann kräftig mitgewaschen werden, es gibt zu jeder Zeile eine Bewegung.
Für Fortgeschrittene (wenn alle Text und Bewegungen können) besonders spaßig als Kanon singbar: Zwei oder mehr Gruppen machen. Alle singen zunächst den Refrain gemeinsam. Eine Gruppe fängt dann an mit der 1. Strophe, während die anderen nochmals den Refrain singen. Wenn die 1. Gruppe wieder beim Refrain ist, startet die 2. Gruppe mit der 1. Strophe usw. So werden immer Refrain und Strophen übereinander gesungen – und da jede Gruppe andere Bewegungen macht, entsteht eine höchst lustige Wascherei. Zum Schluss können alle „fertigen" Gruppen solange den Refrain weitersingen, bis alle durch sind.
Übrigens...:
Ihr könnt euch natürlich auch andere Bewegungsabläufe ausdenken - im Laufe der Jahre habe ich schon die tollsten Choreografien für das Lied gesehen!

Der Ritter Kunibert

Text und Musik: Stephen Janetzko; CD "Bi-Ba-Badewannen-Hits - 20 Kinderlieder mit Gitarre"
© Edition SEEBÄR-Musik Stephen Janetzko, www.kinderliederhits.de

2. Manchmal kämpfe ich mit meinem Drachen, doch der fängt dann an zu lachen.
Weil er stärker ist als ich. Deshalb amüsiert er sich.

3. Und ich habe schrecklich schiefe Zähne, die ich fletsch wie `ne Hyäne.
Manchen hab ich schon verschreckt. Oder aus dem Schlaf erweckt.

4. Mein Pferd ist das hässlichste von allen, und das hat mir gleich gefallen.
Es schielt und ist gelbgefleckt, hat mich im Gesicht geleckt.

5. Meine Burgfrau, die heißt Kunigunde, ich beschütz sie jede Stunde.
Doch sie ist emanzipiert. Das hab ich sofort kapiert!

6. Kunigunde will für mich nicht kochen, sie hackt Holz ununterbrochen.
Dafür lieb ich sie noch mehr, mach den Haushalt - bitte sehr!

7. Mit meinem Schwert pflüge ich den Acker, während unsre Hühner gackern.
Und sie legen uns ein Ei. Und am Sonntag auch mal zwei!

8. Die Zugbrücke will ich offenlassen, um nicht Freunde zu verpassen.
Ich freu mich auf jeden Mann - oder Frau, das kommt drauf an!

9. Ihr könnt mich doch alle mal besuchen. Vielleicht mach ich Honigkuchen.
Oder einen Obstsalat. Das wird lustig und macht satt.

10. Und dann tanzen alle hier im Kreise zu der alten Ritterweise.
Was zu sagen ich vergaß: Ritter sein, das ist ein Spaß!

Guten Morgen, Leute

Text und Musik: Stephen Janetzko; CD "Bi-Ba-Badewannen-Hits - 20 Kinderlieder mit Gitarre"
© Edition SEEBÄR-Musik Stephen Janetzko, www.kinderliederhits.de

Tempo: ca. 154

1. Guten Morgen, Leute. (klatsch, klatsch) Schönes Wetter heute. (klatsch, klatsch) Oder auch nicht. (klatsch, klatsch) Das interessiert mich nicht. (klatsch, klatsch)

2. Regen oder Sonne. Sind mir eine Wonne. Beide sind schön. Das wirst du doch verstehn.
3. Morgen, nur nicht heute. Sagen faule Leute. Der Tag fängt an. Nun zeig ich, was ich kann.
4. Guten Morgen, Leute. Keine Sorgen heute. Ich habe Mut. Wie gut das alles tut.
5. Lala lala lala. Lala lala lala. Ich habe Mut. Mir geht es richtig gut.

Der Seebär

Text und Musik: Stephen Janetzko; CD "Bi-Ba-Badewannen-Hits - 20 Kinderlieder mit Gitarre"
© Edition SEEBÄR-Musik Stephen Janetzko, www.kinderliederhits.de
Tempo: ca. 180

Vor- und Zwischenspiel (instr.)

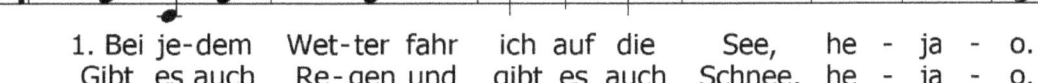

1. Bei jedem Wetter fahr ich auf die See, he-ja-o.
   Gibt es auch Regen und gibt es auch Schnee, he-ja-o.

Nichts kann mich halten, oh ja, ich muss raus, he-ja-o. Doch ich komm

wieder, doch ich komm wieder, doch ich komm wieder nach Haus. Refrain: Ich

bin der See-bär, fahre auf's Meer. Habe noch Platz für dich, mein Schatz.

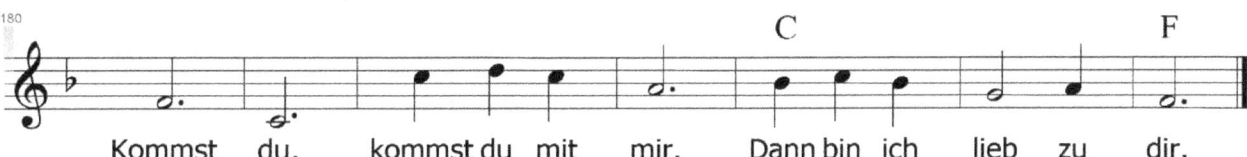

Kommst du, kommst du mit mir. Dann bin ich lieb zu dir.

2. Ich lieb die Wellen, das wogende Meer, he-ja-o.
   Abschied zu nehmen, das fällt mir nicht schwer, he-ja-o.
   Ich fahr solange, wie`s mir gerad´ gefällt, he-ja-o.
   Segelst du mit mir, segelst du mit mir,
   Segelst du mit um die Welt.

Refrain: Ich bin der Seebär...

3. Fahr ich auf hoher See mit dir allein, he-ja-o.
   Halt dich gut fest, denn mein Schiff ist sehr klein, he-ja-o.
   Doch pfeift der Wind mir so recht in mein Ohr, he-ja-o.
   Dann sing ich dir was, dann sing ich dir was,
   Dann sing ich dir etwas vor.

Refrain: Ich bin der Seebär...

Gute Laune (4-stimmiger Kanon)

Text und Musik: Stephen Janetzko; CD "Bi-Ba-Badewannen-Hits - 20 Kinderlieder mit Gitarre"
© Edition SEEBÄR-Musik Stephen Janetzko, www.kinderliederhits.de

Tempo: ca. 134

(1.) Ich will immer guter Laune sein.
(2.) Will mich jeden Tag des Lebens freun.
(3.) Gute Laune, gute Laune, ja, die habe ich.
(4.) Sie lässt mich nicht im Stich.

Hinweis: Als Kanon zu 4 Stimmen, hier in C-Dur.

Gute Laune (4-stimmiger Kanon)

Text und Musik: Stephen Janetzko; CD "Bi-Ba-Badewannen-Hits - 20 Kinderlieder mit Gitarre"
© Edition SEEBÄR-Musik Stephen Janetzko, www.kinderliederhits.de

Tempo: ca. 134

(1.) Ich will immer guter Laune sein.
(2.) Will mich jeden Tag des Lebens freun.
(3.) Gute Laune, gute Laune, ja, die habe ich.
(4.) Sie lässt mich nicht im Stich.

Hinweis:
Als Kanon zu 4 Stimmen, hier in F-Dur.

Hand in Hand

Text und Musik: Stephen Janetzko; CD "Bi-Ba-Badewannen-Hits - 20 Kinderlieder mit Gitarre"
© Edition SEEBÄR-Musik Stephen Janetzko, www.kinderliederhits.de

Tempo: ca. 112

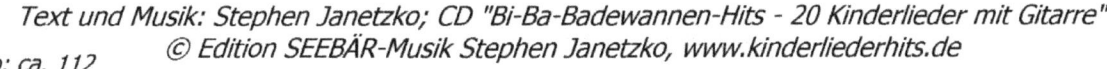

1. Schau dich mal um auf dieser Erde, so viele Menschen gibt es hier.
Ich denk, wir leben alle gerne. Dass das so bleibt, das wünsch ich mir.
Was auch die Farbe deiner Haut ist, ob schwarz, ob weiß, ob gelb, ob rot.
Sag, wie das Land heißt, wo du herkommst. Gibt es dort Reichtum oder Not?

Refrain: Hand in Hand - wird es gehn, weil wir uns so gut verstehn.
Hand in Hand - wird es gehn, weil wir uns so gut verstehn.

2. Bist du ein Türke oder Deutscher? Kommst du vielleicht aus Portugal?
Glaubst du, ein Gott hat uns erschaffen? Das ist letztendlich doch egal!
Sprichst du Französisch oder Polnisch? Bist du schon alt oder ein Kind?
Lebst du von Obst oder Getreide? Schön ist, wenn alle glücklich sind.

3. Manchmal, da seh ich welche streiten, Wieso, weshalb, versteh ich nicht!
Wir sollten miteinander teilen - Tragt in die Dunkelheit ein Licht!
Kommst du aus Westen oder Osten? Und trägst du Kopftuch oder Hut?
Bist du ein Junge oder Mädchen? Ich finde alle Menschen gut!

4. Bist du ein Bäcker oder Maler? Bist Träumer oder Realist?
Ein Jeder kann dem Andern helfen, Auch wenn es noch so wenig ist.
Wir Menschen sollten uns vertragen Und alle Tiere, groß und klein!
Zusammen geht doch alles leichter - Und alle wollen Freunde sein!

Ich schenk dir eine rote Rose

Text und Musik: Stephen Janetzko; CD "Bi-Ba-Badewannen-Hits - 20 Kinderlieder mit Gitarre"
© Edition SEEBÄR-Musik Stephen Janetzko, www.kinderliederhits.de

Tempo: ca. 152

Refrain: Ich schenk dir ei-ne ro-te Ro-se, weil ich dich so lieb hab und dich so doll mag. (dich so doll mag) Ich schenk dir ei-ne ro-te Ro-se, wenn du willst, an je-dem Tag. (an je-dem Tag.) Ich hab dich so ger-ne, (a-ha), ich hol dir tau-send Ster-ne vom Him-mel he-rab. Him-mel he-ra-a-a-ab.

1. Ges-tern hab ich dich ge-sehn, ach, es war so wun-der-schön. Heu-te kommst du wie-der her, das ge-fällt mir sehr.
(hab ich dich ge-sehn,) (war so wun-der-schön.) (kommst du wie-der her,) (das ge-fällt mir sehr.)

2. Du schaust mich mit gro-ßen Au-gen an, dass ich nichts mehr sa-gen kann. Ich be-nehm mich wie ein Narr, das ist mir jetzt klar.
(schaust mich) (nichts mehr sa-gen kann.) (be-nehm mich wie ein Narr,) (das ist mir jetzt klar.)

3. (instr.)

[Die Stellen in Klammern können 2-stimmig gesungen werden.
Das Lied ist sehr nett mit einem kleinen Kinderchor oder als Ständchen.]

Indianer-Song

Text und Musik: Stephen Janetzko; CD "Bi-Ba-Badewannen-Hits - 20 Kinderlieder mit Gitarre"
© Edition SEEBÄR-Musik Stephen Janetzko, www.kinderliederhits.de

Tempo: ca. 200

1. Und ich gehe Schritt für Schritt. Dabei singt ein jeder mit
   Streck die Arme in die Luft. Rufe: Hugh, ich hab den Schuft!

2. Jetzt geht`s rückwärts, 1-2-3. Einer mehr ist mit dabei
   Doch zu zweit wolln wir nich mehr. Du als Dritter musst nun her!

3. Und schon schleichen wir zu dritt. In dem Indianer-Schritt
   Und den nächsten suchen wir. Yippieyeah, jetzt sind wir vier!

4. Hoch zu Ross nun reiten wir. Immerhin sind wir schon vier
   Doch es ist uns ziemlich klar: Es ist noch ein Fünfter da!

5. Erst, da waren 1-2-3, später 4 und 5 dabei
   Doch was soll der ganze Schiet: Denn jetzt machen alle mit!

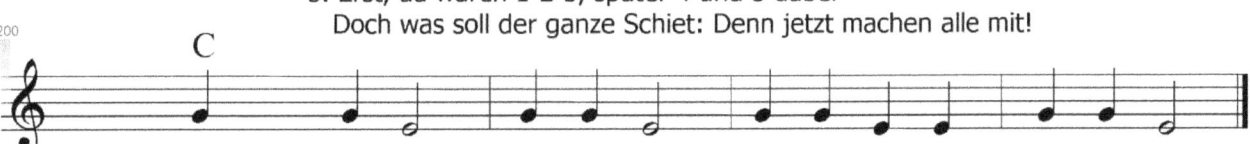

Spielanregung: Der Indianer-Song ist sehr schön als Kreisspiel: Wir brauchen zuerst 2-3 Freiwillige, die das Lagerfeuer darstellen möchten. Sie setzen sich gegenüber hin, halten ihre Hände zusammen und strecken sie in den Himmel. Durch Bewegen der Arme kann das Lodern des Feuers noch imitiert werden. Ein weiterer freiwilliger "Indianer" fängt an, auf einem Bein ums Lagerfeuer zu tanzen, während alle den Refrain singen (Am Ende des Refrains machen wir jeweils Indianergeheul "Hu-hu-hu-hu-hu"). Am Ende jeder Strophe kommt dann ein weiterer Indianer dazu (kann z.B. vom jeweils vorher gewählten Indianer ausgesucht werden).
Nach der 5. Strophe machen dann alle mit! Die Indianer folgen in den Strophen den angegebenen Bewegungen:
1. Schritt für Schritt gehen - 2. rückwärts gehen - 3. schleichen - 4. reiten - 5. sich gegenseitig angucken.
Weitere Hinweise: "Sing" wird hier englisch ausgesprochen, also etwa wie "ßing", schließlich kommen die Indianer ja aus Amerika! Nach der 1. Strophe wird im Refrain anstelle von "ich" "wir" gesungen.
Die Melodie der Strophen ist übrigens dieselbe wie die des Refrains, nur die Note auf "Sing" bleibt unbesungen - und die letzte Zeile wird nicht wiederholt. Das Zwischenspiel kann mitgesungen oder weggelassen werden.

Geburtstag, Geburtstag

Text und Musik: Stephen Janetzko; CD "Bi-Ba-Badewannen-Hits - 20 Kinderlieder mit Gitarre"
© Edition SEEBÄR-Musik Stephen Janetzko, www.kinderliederhits.de

Tempo: ca. 200

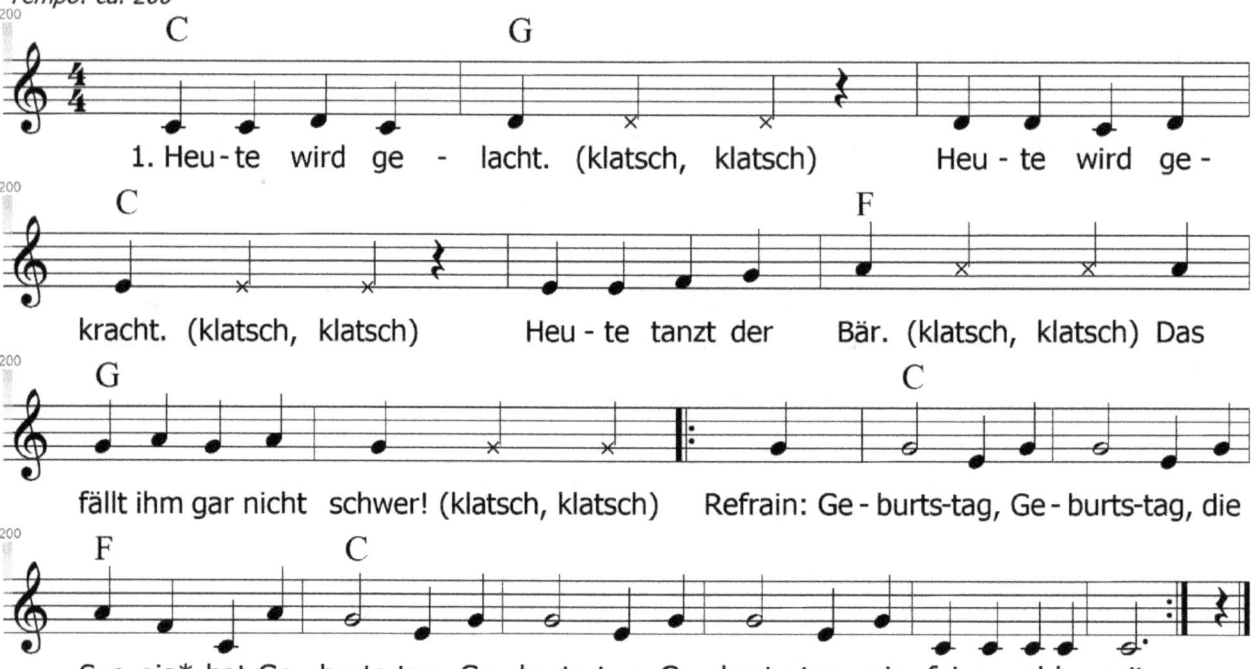

1. Heu-te wird ge-lacht. (klatsch, klatsch) Heu-te wird ge-kracht. (klatsch, klatsch) Heu-te tanzt der Bär. (klatsch, klatsch) Das fällt ihm gar nicht schwer! (klatsch, klatsch) Refrain: Ge-burts-tag, Ge-burts-tag, die Sve-nja* hat Ge-burts-tag. Ge-burts-tag, Ge-burts-tag, wir fei-ern al-le mit.

2. Heute ist was los. Was ist das denn bloß?
Heute macht die Welt allein, was dir gefällt.

3. Kommt doch alle her! Gratulier`n wir sehr!
Kommt doch alle mit! Das ist ein echter Hit!

4. Was ich noch vergaß: Du machst uns viel Spaß!
Schön, dass es dich gibt! Wir haben dich so lieb!

Spielanregung: In der Strophe nach jeder Einzelzeile 2x klatschen.
Den Refrain singen auf jeden Fall alle zusammen, er kann
abwechselnd auch mal nach Wunsch des Geburtstagskinds flüsternd
leise und grölend laut gesungen werden. (*statt Svenja setzt ihr
den entsprechenden Namen des Geburtstagskinds ein.)

Bruderherz - komm, tanz mit mir!

Text und Musik: Stephen Janetzko; CD "Bi-Ba-Badewannen-Hits - 20 Kinderlieder mit Gitarre"
© Edition SEEBÄR-Musik Stephen Janetzko, www.kinderliederhits.de

Refrain: Bru-der-herz - komm, tanz mit mir, tanz mit mir, tanz mit mir,
Schwes-ter-herz - komm, tanz mit mir, tanz mit mir, tanz mit mir,
Bru-der-herz - komm, tanz mit mir, komm, tanz mit mir.
Schwes-ter-herz - komm, tanz mit mir, komm, tanz mit mir.

1. Heben wir das rechte Bein, rechte Bein, rechte Bein.
Heben wir das rechte Bein, das rechte Bein.

2. Heben wir das linke Bein ...
3. Klatschen wir doch in die Hand ...
4. Heben wir den rechten Arm ...
5. Heben wir den linken Arm ...
6. Stampfen wir doch mit dem Fuß ...
7. Watscheln wir im Kreis herum ...
8. Springen wir doch in die Luft ...
9. Schließen wir die Augen zu ...
10. Gehn wir in die Hocke nun ...
11. Wackeln wir doch mit den Ohrn ...
12. Halten wir die Nase zu ...
13. Einen Bauchtanz machen wir ...
14. Setzen wir uns kurz zur Ruh ...

Spielanregung:
Zu den einzelnen Strophen werden die jeweiligen Bewegungen ausgeführt.
Bestimmt fallen euch noch viel mehr Strophen ein.
Beim Refrain haken sich alle paarweise unter und tanzen im Kreis,
bei "Schwesterherz..." wechseln wir die Richtung.

Urlaub an der Nordsee

Text und Musik: Stephen Janetzko; CD "Bi-Ba-Badewannen-Hits - 20 Kinderlieder mit Gitarre"
© Edition SEEBÄR-Musik Stephen Janetzko, www.kinderliederhits.de

Refrain: Wir machen Urlaub, Urlaub an der Nordsee.
Wir machen Urlaub, Urlaub hier am Watt.
Wir machen Urlaub, Urlaub an der Nordsee.
Wir werden niemals, werden niemals matt.
La-la-la la-la la-la-la, la-la-la la-la la-la-la la.

1. Auf dem Deich, da fühln wir uns wirklich wohl.
An der Nordsee finden wir es toll.
Hier können wir durch das Watt wandern.
Plitsch, platsch, plotsch - so wie die andern.

2. Wir wolln raus, zu den Wellen, das ist klar.
Wenn sie schwappen, ist das wunderbar
Wir wollen spielen, lachen, singen.
Ha, ha, ha - das wird es bringen

3. Wo wir sind, ist die Sonne immer da.
Gute Laune haben wir, na klar
Und wenn wir fest zusammenhalten
Kriegen wir auch keine Falten

Arme hoch und Arme runter
(Ich dreh mich um mich selbst im Kreis)

Text und Musik: Stephen Janetzko; CD "Bi-Ba-Badewannen-Hits - 20 Kinderlieder mit Gitarre"
© Edition SEEBÄR-Musik Stephen Janetzko, www.kinderliederhits.de

1. Ich dreh mich um mich selbst im Kreis. (1, 2, 3.) Ich gehe einen Schritt nach vorn.
Ich sag dem Nachbarn, was ich weiß ("bla bla bla") Und wackel mit den Ohr`n.
Refrain: Arme hoch und Arme runter, in die Knie-(klatsch, klatsch)-ich bin putzmunter.

2. Ich schließe meine Augen zu. Ich hüpfe wie ein Känguruh.
Ich zwick mir in den Arm, "pardon!"
Und spiel Akkordeon. Und spiel Akkordeon.

3. Ich glaub, dass ich ein Hase bin. Ich huste leise vor mich hin
Ich mache eine große Faust.
Und streck die Zunge raus. Und streck die Zunge raus.

4. Ich blöke einmal wie ein Schaf. Ich tue so, als ob ich schlaf.
Ich heb das linke Bein im Nu.
Das rechte gleich dazu. Das rechte gleich dazu.

5. Ich halte meinen Atem an. Ich stampfe mit den Füßen dann.
Jetzt schwimm ich wie ein Fisch im Meer.
Und rufe: "Seht mal her!". Und rufe: "Seht mal her!".

6. Ich schaue in ein fernes Land. Ich fliege, das ist allerhand.
Ich halte meine Nase zu.
Und singe: "Schubidu". Und singe: "Schubidu".

7. Nun springe ich, so hoch ich kann. Und fang ganz laut zu lachen an.
Bin anschließend mucksmäuschenstill.
Nun tu ich, was ich will! Nun tu ich, was ich will! [Lieblingsbewegung etc.]

Ich steh hier im Regen

Text und Musik: Stephen Janetzko; CD "Bi-Ba-Badewannen-Hits - 20 Kinderlieder mit Gitarre"
© Edition SEEBÄR-Musik Stephen Janetzko, www.kinderliederhits.de

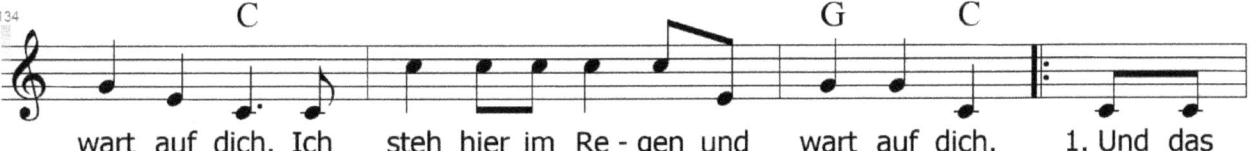

Refrain:
Ich steh hier im Regen und wart auf dich,
ich steh hier im Regen und wart auf dich.
Ich steh hier im Regen und wart auf dich,
ich steh hier im Regen und wart auf dich.

2. wie 1. Und das ist mir gar nicht recht,
denn das Wetter ist so schlecht.
Sonne, komm doch wieder her,
denn das Warten fällt mir schwer.

Laterne
(Laterne, Laterne, komm leuchte für mich)

Text und Musik: Stephen Janetzko; CD "Bi-Ba-Badewannen-Hits - 20 Kinderlieder mit Gitarre"
© Edition SEEBÄR-Musik Stephen Janetzko, www.kinderliederhits.de

Refrain: Laterne, Laterne, komm, leuchte für mich. Laterne, Laterne, komm, schenk mir dein Licht.
Laterne, Laterne, ich will mit dir gehn. Laterne, Laterne, mit dir ist es schön.

1. Ich fürcht mich im Dunkeln kein bisschen mit dir. Laterne, Laterne, drum bleib hier bei mir.

2. Du schneidest Gesichter, wirfst Schatten so lang.
   Wir bleiben zusammen, da wird mir nicht bang.

3. Wir ziehn durch die Straßen in der Abendstund.
   Du leuchtest so schön und so hell und so bunt.

4. wie 1. Ich fürcht mich im Dunkeln kein bisschen mit dir.
   Laterne, Laterne, drum bleib hier bei mir.

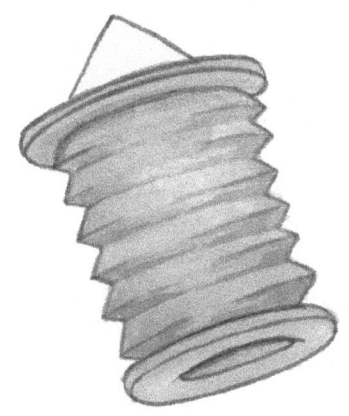

Komm, mein kleines Kätzchen

Text und Musik: Stephen Janetzko; CD "Bi-Ba-Badewannen-Hits - 20 Kinderlieder mit Gitarre"
© Edition SEEBÄR-Musik Stephen Janetzko, www.kinderliederhits.de

Refrain: Komm, mein kleines Kätzchen, ich behüte dich heut' Nacht.
Dass kein böser Wolf dich frisst oder über dich lacht.

1. Sonne geht unter, dort steht ein Stern. Schlaf nur, ich habe dich gern.

2. Fühlst du dich einsam, bist du allein,
immer werd ich bei dir sein.

3. Die Nacht ist dunkel, hell scheint der Mond,
weiß, dass die Angst sich nicht lohnt.

4. Ich bleibe bei dir, was auch geschieht,
auf unser`n Lippen ein Lied.

5. Und wenn ich schlafe, wo ich auch bin,
stets habe ich dich im Sinn.

6. Manchmal am Tage, wenn`s stürmt und kracht,
klingt`s wie die Wölfe bei Nacht.

Hinweis:
Der Refrain ist im 4/4-Takt, die Strophen im 3/4-Takt.
Das gibt dem Lied einen besonderes Flair,
will aber auch etwas geübt sein.

Gute Nacht, ihr lieben Leute

Text und Musik: Stephen Janetzko; CD "Bi-Ba-Badewannen-Hits - 20 Kinderlieder mit Gitarre"
© Edition SEEBÄR-Musik Stephen Janetzko, www.kinderliederhits.de

1. Gute Nacht, ihr lieben Leute. Schlafet ein, jetzt, hier und heute. Der Tag, der geht zur Ruh: Schließt eure Augen zu!

2. Gute Nacht, ihr lieben Leute. Morgen kommt ein neues Heute
   Der Tag war wunderschön: Wir wollen schlafen gehn!

Hinweis:
Dieses Lied gibt es in einer Morgen- und einer Abendvariante.

Text der Morgenvariante:

Titel: Guten Morgen, liebe Leute
Text und Musik: Stephen Janetzko

1. Guten Morgen, liebe Leute. Wachet auf, jetzt, hier und heute.
   Wer weiß, was kommen mag: Willkommen sei der Tag.

2. Guten Morgen, liebe Leute. Gestern ist vergessen heute.
   Die Sonne ruft: Hurra, ein neuer Tag ist da!

Bi- Ba- Badewannen-Hits - Gitarrenbegleitung

Alle Liedertexte und Gitarrengriffe zum Mitspielen und Singen aus der CD „Bi-Ba-Badewannen-Hits - 20 Kinderlieder mit Gitarre" von Stephen Janetzko. Hier sind alle Liedertexte bereits mit einfachen Gitarrengriffen zum Nachsingen, Lernen und Mitspielen enthalten. Die Tonarten hier entsprechen 100% den CD-Aufnahmen - also perfekt zum Üben! Die Nummerierungen an den Liedern entsprechen hier der Reihenfolge auf der CD.

----

01. Der Seebär (Mini)
Text und Musik: Stephen Janetzko

       D   **A**   **D**
Refrain: Ich bin der Seebär, fahre aufs Meer, habe noch Platz für dich, mein Schatz.
        A   **D**
  Kommst du, kommst du mit mir, dann bin ich lieb zu dir.

----

02. In meiner Bi- Ba- Badewanne
Text und Musik: Stephen Janetzko

      C   **G**
Refrain: In meiner Bi-, Ba-, Badewanne will ich segeln gehn
            C
  In meiner Bi-, Ba-, Badewanne bin ich Kapitän
            G
  In meiner Bi-, Ba-, Badewanne fahr ich übers Meer
            C
  In meiner Bi-, Ba-, Badewanne komm ich wieder her

C   **G**   **C**
1. Immer wenn ich schmutzig bin, nana nana na, sitz ich in der Wanne drin, nana nana na.
         G   **C**
  Seebärn müssen sauber sein, nana nana na, strahlen wie der Sonnenschein, nana nana na.

2. Ich seif meine Füße ein, nana nana na. Meine Knie, das ganze Bein, nana nana na.
  Gründlich wasch ich meinen Po, nana nana na. Vorderseite ebenso, nana nana na.

3. Rücken, Brust und meinen Bauch, nana nana na, schrubb ich kräftig, Arme auch, nana nana na.
  Hände waschen, schon gemacht, nana nana na. Nun der Hals - wär ja gelacht! Nana nana na.

4. Haare waschen, Stück für Stück, nana nana na. In den Ohren sitzt noch Dreck, nana nana na.
  Schnell noch Nase und Gesicht, nana nana na. Nur die Zähne wasch ich nicht. Nana nana na.

5. So sitz ich von früh bis spät, nana nana na. Leute, wie die Zeit vergeht, nana nana na.
  Wasser raus, ich bin noch nass, nana nana na. Handtuch her - das war ein Spaß! Nana nana na.

03./17. Der Ritter Kunibert
Text und Musik: Stephen Janetzko
© Edition SEEBÄR-Musik Stephen Janetzko, www.kinderliederhits.de

```
              C             G              C
Refrain: Ich bin der Ritter Kunibert, ich reite schnell auf meinem Pferd.
       F    G     C         G          C
    Mit Rüstung, Schild und Lanze mach ich Jagd auf meine Wanze.
```

```
              G         C             G            C
1. Meine Festung, die hat viele Türme. Sie hält stand auch gegen Stürme.
    F   G     C         G              C
   Ich hab Tiere, Garten, Frau - dabei ein Hund, der macht: Wau!
```

2. Manchmal kämpfe ich mit meinem Drachen, doch der fängt dann an zu lachen
   Weil er stärker ist als ich, deshalb amüsiert er sich
Ref.

3. Und ich habe schrecklich schiefe Zähne, die ich fletsch wie `ne Hyäne
   Manchen hab ich schon verschreckt oder aus dem Schlaf erweckt

4. Mein Pferd ist das hässlichste von allen, und das hat mir gleich gefallen
   Es schielt und ist gelb gefleckt, hat mich im Gesicht geleckt
Ref.

5. Meine Burgfrau, die heißt Kunigunde, ich beschütz sie jede Stunde
   Doch sie ist emanzipiert, das hab ich sofort kapiert!

6. Kunigunde will für mich nicht kochen, sie hackt Holz ununterbrochen
   Dafür lieb ich sie noch mehr, mach den Haushalt - bitte sehr!
Ref.

7. Mit meinem Schwert pflüge ich den Acker, während unsre Hühner gackern
   Und sie legen uns ein Ei - und am Sonntag auch mal zwei!

8. Die Zugbrücke will ich offenlassen, um nicht Freunde zu verpassen
   Ich freu mich auf jeden Mann - oder Frau, das kommt drauf an!
Ref.

9. Ihr könnt mich doch alle mal besuchen, vielleicht mach ich Honigkuchen
   Oder einen Obstsalat - das wird lustig und macht satt

10. Und dann tanzen alle hier im Kreise zu der alten Ritterweise
    Was zu sagen ich vergaß: Ritter sein, das ist ein Spaß!
Ref.

04. Guten Morgen, Leute
Text und Musik: Stephen Janetzko

     G   C   G   C   G D G   C   G   C
1. Guten Morgen, Leute. Schönes Wetter heute. O-- der auch nicht. Das interessiert mich nicht.

2. Regen oder Sonne. Sind mir eine Wonne. Beide sind schön. Das wirst du doch verstehn.
3. Morgen, nur nicht heute. Sagen faule Leute. Der Tag fängt an. Nun zeig ich, was ich kann.
4. Guten Morgen, Leute. Keine Sorgen heute. Ich habe Mut. Wie gut das alles tut.
5. Lala lala lala. Lala lala lala. Ich habe Mut. Mir geht es richtig gut.

----

05. Das Duschlied
Text und Musik: Stephen Janetzko

           C   G
Refrain: Wie gern steh ich am Morgen unter einer heißen Dusche und dusche (uhuh).
       G-7   C
Wie gern steh ich am Morgen unter einer heißen Dusche und dusche (uhuh).
     F   C
Wie gern (wie gern) steh ich am Morgen, wie gern (wie gern) steh ich am Morgen.
   G-7   C
Wie gern steh ich am Morgen unter einer heißen Dusche und dusche.

 F   C   F   C
1. Steh ich auf, dann weiß ich schon: Duschen ist des Schlafens Lohn.
  G   C   F   G   G-7
Meine Frau die Augen rougt, ich bin lieber frisch geduscht (frisch geduscht, bin frisch geduscht)

2. Und ich dusche stundenlang. Meiner Frau wird angst und bang.
   Sie denkt, ich bin ausgerutscht und in den Ausguss geflutscht (guss geflutscht, Ausguss geflutscht)

              C   F   G   C
Zwischenspiel: Wie gerne stehe ich unter der Dusche (und dusche)
   F   G   C
und dusche und dusche und dusche.

06. Der Seebär
Text und Musik: Stephen Janetzko

```
   D                            A D
1. Bei jedem Wetter fahr ich auf die See, hei-ja-o.
                                A D
   Gibt es auch Regen und gibt es auch Schnee, hei-ja-o
   G         D       A        D      E A
   Nichts kann mich halten, oh ja, ich muss raus, hei-ja-o
   D                                 A                       D
   Doch ich komm wieder, doch ich komm wieder. Doch ich komm wieder nach Haus.

                                     A         D
   Refrain: Ich bin der Seebär, fahre aufs Meer, habe noch Platz für dich, mein Schatz.
                                 A         D
        Kommst du, kommst du mit mir, dann bin ich lieb zu dir.
```

2. Ich lieb die Wellen, das wogende Meer, hei-ja-o
   Abschied zu nehmen, das fällt mir nicht schwer, hei-ja-o
   Ich fahr solange, wie`s mir grad gefällt, hei-ja-o
   Segelst du mit mir, segelst du mit mir,
   Segelst du mit um die Welt

3. Fahr ich auf hoher See mit dir allein, hei-ja-o
   Halt dich gut fest, denn mein Schiff ist sehr klein, heijao
   Doch pfeift der Wind mir so recht in mein Ohr, hei-ja-o
   Dann sing ich dir was, dann sing ich dir was
   Dann sing ich dir etwas vor

----

07. Gute Laune (4-stimmiger Kanon)
Text und Musik: Stephen Janetzko

```
      A                    E       A
1. Ich will    immer guter Lau-  ne sein.
2. Will mich   jeden Tag des Le-  bens freun.
3. Gute Laune, gute Laune,  ja, die habe ich.
4. Sie        lässt mich   nicht im Stich.
```

08. Hand in Hand
Text und Musik: Stephen Janetzko

```
   C        G        C        F        G
```
1. Schau dich mal um auf dieser Erde, so viele Menschen gibt es hier.
```
   C       G       C              G            C
```
   Ich denk, wir leben alle gerne. Dass das so bleibt, das wünsch ich mir.

2. Was auch die Farbe deiner Haut ist, ob schwarz, ob weiß, ob gelb, ob rot,
   Sag, wie das Land heißt, wo du herkommst. Gibt es dort Reichtum oder Not?

```
         C-7   F    G   C   G        C
```
Refrain: Hand in Hand - wird es gehn. Weil wir uns so gut verstehn.
```
C-7    F    G    C    F         G    C
```
Hand in Hand - wird es gehn. Weil wir uns so gut verstehn.

3. Bist du ein Türke oder Deutscher? Kommst du vielleicht aus Portugal?
   Glaubst du, ein Gott hat uns erschaffen? Das ist letztendlich doch egal!

4. Sprichst du Französisch oder Polnisch? Bist du schon alt oder ein Kind?
   Lebst du von Obst oder Getreide? Schön ist, wenn alle glücklich sind.

5. Manchmal, da seh ich welche streiten, Wieso, weshalb, versteh ich nicht!
   Wir sollten miteinander teilen - tragt in die Dunkelheit ein Licht!

6. Kommst du aus Westen oder Osten? Und trägst du Kopftuch oder Hut?
   Bist du ein Junge oder Mädchen? Ich finde alle Menschen gut!

7. Bist du ein Bäcker oder Maler? Bist Träumer oder Realist?
   Ein Jeder kann dem Andern helfen, auch wenn es noch so wenig ist.

8. Wir Menschen sollten uns vertragen und alle Tiere, groß und klein!
   Zusammen geht doch alles leichter - und alle wollen Freunde sein!

09. Ich schenk dir eine rote Rose

Text und Musik: Stephen Janetzko

```
              G              D                                    G
Refrain: Ich schenk dir eine rote Rose, weil ich dich so lieb hab und dich so doll mag.
                              D                  G
Ich schenk dir eine rote Rose, wenn du willst, an jedem Tag.
                    h                 a         D   G
Ich hab dich so gerne, ahah, ich hol dir tausend Sterne vom Himmel herab
```

```
              C    D              G C   G
1. Gestern hab ich dich gesehn, ach, es war so wunderschön
              C     D              G
   Heute kommst du wieder her, das gefällt mir sehr
```

2. Du schaust mich mit großen Augen an,
   dass ich nichts mehr sagen kann
   Ich benehm mich wie ein Narr, das ist mir jetzt klar

[Die unterstrichenen Stellen können 2-stimmig gesungen werden]

10. Indianer-Song
Text und Musik: Stephen Janetzko

           C   G
Refrain: Ich will Indianer sein, tanze wild auf einem Bein
  (Wir wolln ...)   (tanzen ...)
                            G-7   C
  Um das Lagerfeuer rum. Sing: Huga haga bubbel gum!

1. Und ich gehe Schritt für Schritt. Dabei singt ein jeder mit
   Streck die Arme in die Luft. Rufe: Hugh, ich hab den Schuft!

2. Jetzt geht`s rückwärts, 1-2-3. Einer mehr ist mit dabei
   Doch zu zweit wolln wir nicht mehr. Du als Dritter musst nun her!

3. Und schon schleichen wir zu dritt. In dem Indianer-Schritt
   Und den nächsten suchen wir. Yippieyeah, jetzt sind wir vier!

4. Hoch zu Ross nun reiten wir. Immerhin sind wir schon vier.
   Doch es ist uns ziemlich klar: Es ist noch ein Fünfter da!

5. Erst, da waren 1-2-3, Später 4 und 5 dabei.
   Doch was soll der ganze Schiet: Denn jetzt machen alle mit!

                 C
Zwischenspiel: Winnetou, Winnetou, ich bin röter noch als Du!

[Die Melodie der Strophen ist dieselbe wie die des Refrains.]
----

11. Geburtstag, Geburtstag
Text und Musik: Stephen Janetzko

  C   G   C   F   G   G-7
1. Heute wird gelacht. Heute wird gekracht. Heute tanzt der Bär. Das fällt ihm gar nicht schwer!

        C   F   C
Refrain: Geburtstag, Geburtstag, die Svenja* hat Geburtstag.
Geburtstag, Geburtstag, wir feiern alle mit.

2. Heute ist was los. Was ist das denn bloß? Heute macht die Welt allein, was dir gefällt.

3. Kommt doch alle her! Gratuliern wir sehr! Kommt doch alle mit! Das ist ein echter Hit!

4. Was ich noch vergaß: Du machst uns viel Spaß! Schön, dass es dich gibt! Wir haben dich so lieb!

12. Bruderherz - komm, tanz mit mir!
Text und Musik: Stephen Janetzko

```
        G           D         A         D         G         D
Refrain: Bruderherz - komm, tanz mit mir, tanz mit mir, tanz mit mir, Bruderherz - komm, tanz mit
         A      D   G                D         A         D
mir, komm, tanz mit mir.   Schwesterherz - komm, tanz mit mir, tanz mit mir, tanz mit mir,
  G           D           A       D
Schwesterherz - komm, tanz mit mir, komm, tanz mit mir.

   A         D        A         D
1. Heben wir das rechte Bein, rechte Bein, rechte Bein.
   A         D           A      D
Heben wir das rechte Bein, das rechte Bein.
```

2. Heben wir das linke Bein ...
3. Klatschen wir doch in die Hand ...
4. Heben wir den rechten Arm ...
5. Heben wir den linken Arm ...
6. Stampfen wir doch mit dem Fuß ...
7. Watscheln wir im Kreis herum ...
8. Springen wir doch in die Luft ...
9. Schließen wir die Augen zu ...
10. Gehn wir in die Hocke nun ...
11. Wackeln wir doch mit den Ohrn ...
12. Halten wir die Nase zu ...
13. Einen Bauchtanz machen wir ...
14. Setzen wir uns kurz zur Ruh ...

[Zu den einzelnen Strophen werden die jeweiligen Bewegungen ausgeführt. Bestimmt fallen euch noch viel mehr Strophen ein. Beim Refrain haken sich alle paarweise unter und tanzen im Kreis, bei „Schwesterherz…" wechseln wir die Richtung.]

----

13. Der Sommer kommt
Text und Musik: Stephen Janetzko

```
   C                    G         C
1. Wenn ich aus dem Fenster schau, es ist kaum zu glauben.
                        G         C
Blauer Himmel überall, reib ich mir die Augen.
   F         C         G         C
Und die Sonne meint es gut, hey, die lacht mich an.
   F         C         G         G-7
Was ich wohl von diesem Tag noch erwarten kann?
```

```
            C                                              G
Refrain:  Der Sommer kommt, der Sommer kommt, kommt raus aus seiner Gruft.
         G-7                                  (F        G)        C
   Ja, der Sommer kommt, der Sommer kommt! Ich spring vor Freude dreimal in die Luft!
```

2. Wenn ich jetzt nach draußen geh, ja, dann ist es knackig heiß.
   An der Bude steh ich an für ein dickes Erdbeereis.
   Und ich leg mich auf die Wiese direkt neben dich
   Hier sind wir noch ganz allein, keiner stört uns nich´!

```
                    F                    C        G
Zwischenspiel: Lange ham wir drauf gewartet, endlich ist er da!
F                    D-7           G    G-7
Hoffentlich auch länger noch als im letzten Jahr!
```

3. Schlechtes Wetter, das kann uns jetzt gestohlen bleiben
   Endlich kann ich dir auch mal unser Freibad zeigen
   Ach, ist das nicht wunderbar, Sonne auf der Haut
   Lass uns heut `ne Party feiern, ganz spontan und laut!

----

14. Urlaub an der Nordsee
Text und Musik: Stephen Janetzko

```
                    C
Refrain: Wir machen Urlaub, Urlaub an der Nordsee. Wir machen Urlaub, Urlaub hier am Watt.
            F                               C
   Wir machen Urlaub, Urlaub an der Nordsee. Wir werden niemals, werden niemals matt.
       G         F           C
II: Lalalala lala lalala, lalalala lala lalala la. :II

       C            G           C            G           C
1. Auf dem Deich, da fühln wir uns wirklich wohl. An der Nordsee finden wir es toll.
   F       C    G    C    F         C       G         G-7
   Hier können wir durch das Watt wandern. Plitsch, platsch, plotsch - so wie die andern.
```

2. Wir wolln raus, zu den Wellen, das ist klar. Wenn sie schwappen, ist das wunderbar
   Wir wollen spielen, lachen, singen. Ha, ha, ha - das wird es bringen!

3. Wo wir sind, ist die Sonne immer da. Gute Laune haben wir, na klar!
   Und wenn wir fest zusammenhalten, kriegen wir auch keine Falten!

15. Arme hoch und Arme runter (Ich dreh mich um mich selbst im Kreis)
Text und Musik: Stephen Janetzko

      C
1. Ich dreh mich um mich selbst im Kreis. Ich sag dem Nachbarn, was ich weiß ["bla bla bla"]
                                  G   *C*   *G*   *C*
Ich gehe einen Schritt nach vorn und wackel mit den Ohr`n, und wackel mit den Ohr`n

         F   *C*   *G*   *C*   *F*   *C*   *G*   *C*
Refrain: Arme hoch und Arme runter, in die Knie - ** - ich bin putzmunter.

2. Ich schließe meine Augen zu. Ich hüpfe wie ein Känguru
   Ich zwick mir in den Arm, "pardon!" Und spiel Akkordeon.

3. Ich glaub, dass ich ein Hase bin. Ich huste leise vor mich hin.
   Ich mache eine große Faust. Und streck die Zunge raus.

4. Ich blöke einmal wie ein Schaf. Ich tue so, als ob ich schlaf.
   Ich heb das linke Bein im Nu. Das rechte gleich dazu.

5. Ich halte meinen Atem an. Ich stampfe mit den Füßen dann.
   Jetzt schwimm ich wie ein Fisch im Meer. Und rufe: "Seht mal her!"

6. Ich schaue in ein fernes Land. Ich fliege, das ist allerhand.
   Ich halte meine Nase zu. Und singe: "Schubidu".

7. Nun springe ich, so hoch ich kann. Und fang ganz laut zu lachen an.
   Bin anschließend mucksmäuschenstill. Nun tu ich, was ich will! *[Lieblingsbewegung etc.]*

*** 2x in die Hände klatschen*

---

16. Ich steh hier im Regen
Text und Musik: Stephen Janetzko

                 C   *G*   *C*   *G*   *C*
Refrain: Ich steh hier im Regen und wart auf dich, ich steh hier im Regen und wart auf dich.
       G   *C*   *G*   *C*
    Ich steh hier im Regen und wart auf dich, ich steh hier im Regen und wart auf dich.

      G   *C*
1. Und das ist mir gar nicht recht, denn das Wetter ist so schlecht.
    G   *C*
   Sonne, komm doch wieder her, denn das Warten fällt mir schwer.

18. Laterne
Text und Musik: Stephen Janetzko

```
            C                              G      G-7                    C
Refrain: Laterne, Laterne, komm, leuchte für mich. Laterne, Laterne, komm, schenk mir dein
Licht.
                                G     G-7                   C
         Laterne, Laterne, ich will mit dir gehn. Laterne, Laterne, mit dir ist es schön.

         F        G         C         a
II: 1. Ich fürcht mich im Dunkeln kein bisschen mit dir.
       F       C         G          C
    Laterne, Laterne, drum bleib hier bei mir.    :II
```

2. Du schneidest Gesichter, wirfst Schatten so lang.
   Wir bleiben zusammen, da wird mir nicht bang.

3. Wir ziehn durch die Straßen in der Abendstund.
   Du leuchtest so schön und so hell und so bunt.

4. wie 1.

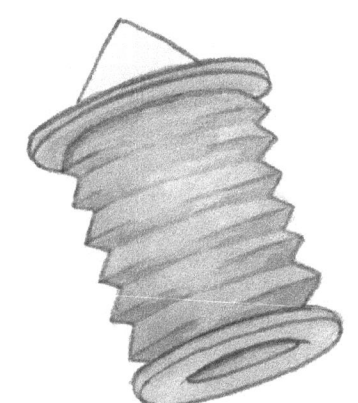

----

19. Komm, mein kleines Kätzchen
Text und Musik: Stephen Janetzko

```
           D              A         A-7           D
Refrain: Komm, mein kleines Kätzchen, ich behüte dich heut` nacht.
         G         D         A                   D
II:  Dass kein böser Wolf dich frisst oder über dich lacht.   :II

   G      D  G           D      A        E         A
1. Sonne geht unter, dort steht ein Stern. Schlaf nur, ich habe dich gern.
```

2. Fühlst du dich einsam, bist du allein, immer werd ich bei dir sein.

3. Die Nacht ist dunkel, hell scheint der Mond, weiß, dass die Angst sich nicht lohnt.

4. Ich bleibe bei dir, was auch geschieht, auf unsern Lippen ein Lied.

5. Und wenn ich schlafe, wo ich auch bin, stets habe ich dich im Sinn.

6. Manchmal am Tage, wenn`s stürmt und kracht, klingt`s wie die Wölfe bei Nacht.

20. Gute Nacht, ihr lieben Leute

Text und Musik: Stephen Janetzko

      D
1. Gute Nacht, ihr lieben Leute. Schlafet ein, jetzt, hier und heute.
  G   **A**   **D** **A** **D**
Der Tag, der geht zur Ruh: Schließt eure Augen zu!

2. Gute Nacht, ihr lieben Leute
Morgen kommt ein neues Heute
Der Tag war wunderschön:
Wir wollen schlafen gehn!

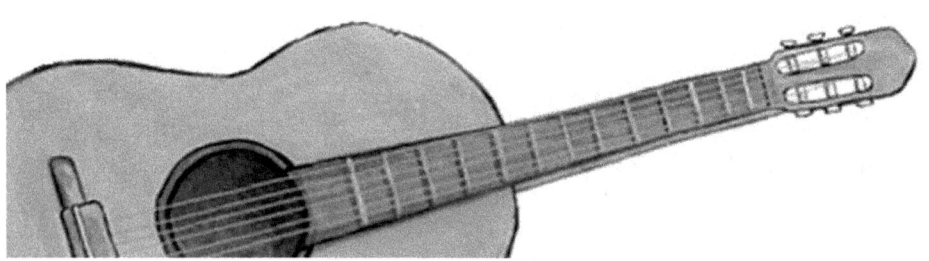

Gitarren-Grifftabelle

Alle im Liederbuch und auf der CD „Bi-Ba-Badewannen-Hits" verwendeten Gitarrenakkorde sind in der folgenden Tabelle aufgelistet:

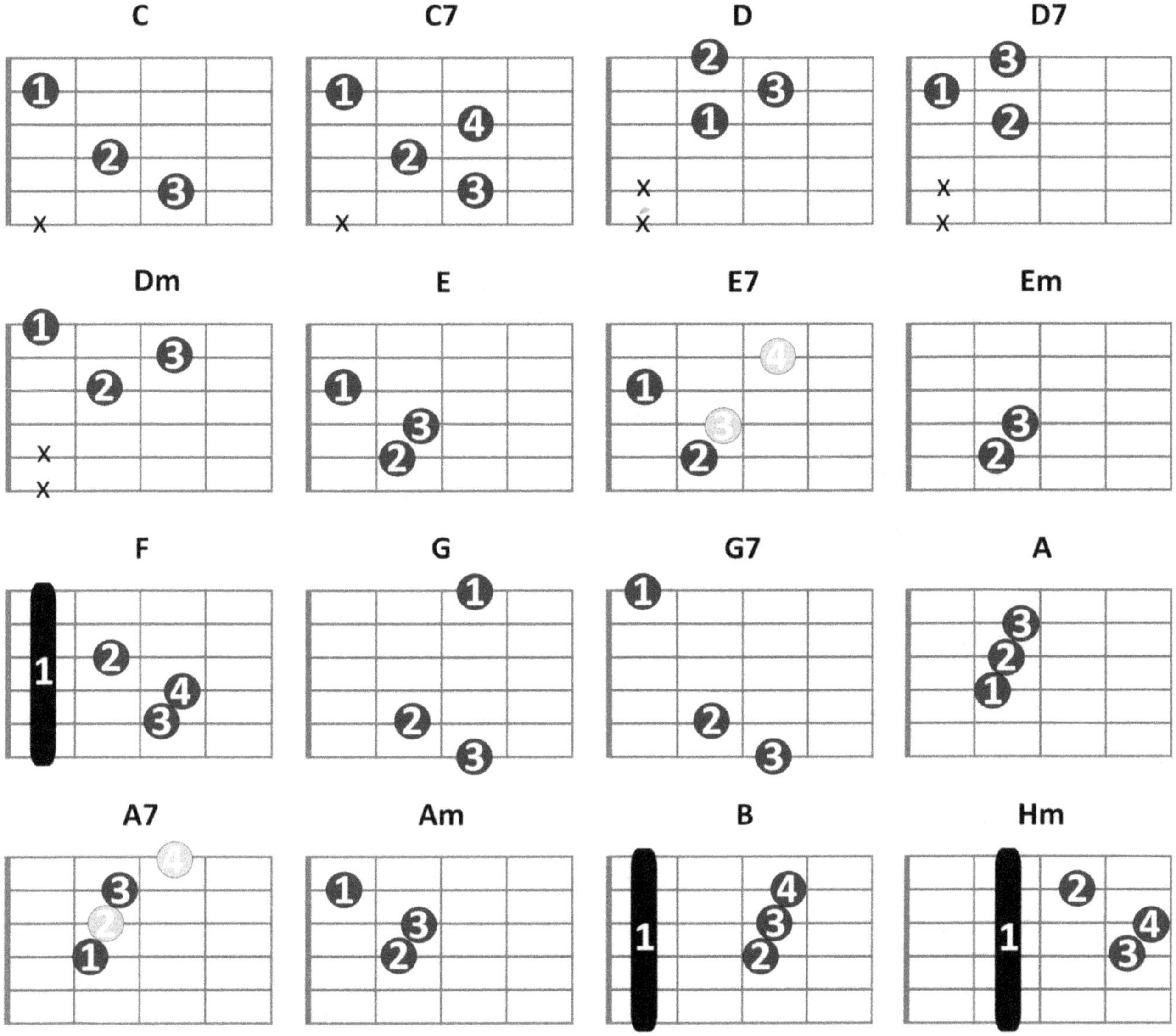

C	C7	D	D7
Dm	E	E7	Em
F	G	G7	A
A7	Am	B	Hm

Viel Spaß beim Üben und Mitspielen!

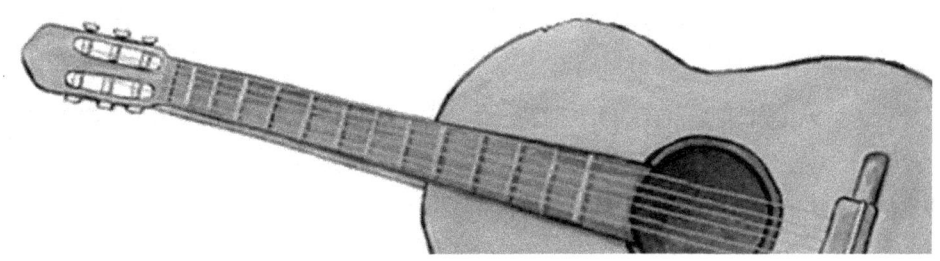

DIE CD ZUM BUCH:

"... endlich sind „ALLE" seine Lieder-Hits auf einer einzigartigen CD versammelt":

Stephen Janetzko:
CD Bi-Ba-Badewannen-Hits
- 20 Kinderlieder mit Gitarre -
Die schönsten und beliebtesten Kinderlieder von und mit Stephen Janetzko

Alle Liedtitel der CD:
1. Der Seebär (Mini)
2. In meiner Bi-Ba-Badewanne
3. Ritter Kunibert (1)
4. Guten Morgen, Leute
5. Das Duschlied
6. Der Seebär
7. Gute Laune (Kanon)
8. Hand in Hand
9. Ich schenk dir eine rote Rose
10. Indianer-Song
11. Geburtstag, Geburtstag
12. Bruderherz - komm, tanz mit mir!
13. Der Sommer kommt
14. Urlaub an der Nordsee
15. Arme hoch und Arme runter
16. Ich steh hier im Regen
17. Ritter Kunibert (2)
18. Laterne, Laterne, komm leuchte für mich
19. Komm, mein kleines Kätzchen
20. Gute Nacht, ihr lieben Leute

Über die CD:

Die schönsten und beliebtesten Kinderlieder von und mit Stephen Janetzko, fröhlich arrangiert mit einfacher Gitarrenbegleitung für zuhause, unterwegs oder zum Singen mit Kindergruppen.
Mit Songheft - im CD-Buch sind alle Liedertexte mit einfachen Gitarrengriffen zum Nachsingen, Lernen und Mitspielen enthalten. Außergewöhnlicher Extra-Bonus:
Alle Noten der CD gratis erhalten - mehr Info direkt in der CD.

„Einer der besten „Kinderlieder-Macher" in Deutschland: Seine Lieder sind einprägsam und gefühlvoll und gehen vorbildlich auf die Interessen und Bedürfnisse der Kinder ein."
(Schulkindergarten-Forum)

Alterszielgruppe ca. 1-10 Jahre/ Spieldauer **ca. 62:17 min.**
Best.-Nr. 91033-277, ISBN 978-3-941923-94-2
INFO & SHOP: **www.kinderliederhits.de** - © SEEBÄR-Musik (Labelcode LC 05037)

... mehr Info, mehr CDs, mehr Lieder & Noten:
www.kinderliederhits.de

Stephen Janetzko

Mit einer 20-minütigen MC „Der Seebär" fing alles an, heute sind es weit über 600 Kinderlieder, die der gebürtige Hagener Liedermacher bereits auf über 50 CDs und in zahllosen Liedsammlungen veröffentlicht hat. Viele davon, wie „Hallo und guten Morgen", „Wir wollen uns begrüßen", „Augen Ohren Nase", „Das Lied von der Raupe Nimmersatt", „Hand in Hand" oder „In meiner Bi-Ba-Badewanne", werden heute gesungen in Kindergärten, Schulen und überall, wo Kinder sind.

www.kinderliederhits.de

Alle Rechte vorbehalten.

Dieses Werk ist urheberrechtlich geschützt. Jegliche Vervielfältigung und Verwertung ist nur mit Zustimmung der Autoren bzw. des Verlags zulässig. Das gilt insbesondere für Übersetzungen, die Einspeicherung und Verarbeitung in elektronischen Systemen sowie für das öffentliche Zugänglichmachen wie zum Beispiel über das Internet.
Ein Nachdruck oder eine Weiterverwertung ist nur mit schriftlicher Genehmigung des Verlags möglich.

© Verlag Stephen Janetzko, **www.kinderliederhits.de**